Impressum
Verlag: BABADADA GmbH, Nedderfeld 112 , 22529 Hamburg
Geschäftsführer / Verlagsleitung: Harald Hof
Druck: Books on Demand GmbH, In de Tarpen 42, 22848 Norderstedt

Imprint
Publisher: BABADADA GmbH, Nedderfeld 112 , 22529 Hamburg, Germany
Managing Director / Publishing direction: Harald Hof
Print: Books on Demand GmbH, In de Tarpen 42, 22848 Norderstedt, Germany

除
chu

186/2

黑板
hei ban

教室
jiao shi

校园
xiao yuan

老师
lao shi

纸
zhi

书写
shu xie

钢笔
gang bi

办公桌
ban gong zhuo

直尺
zhi chi

书
shu

学生
xue sheng

书包

shu bao

铅笔盒

qian bi he

铅笔

qian bi

卷笔刀

juan bi dao

橡皮擦

xiang pi ca

画板

hua ban

图画
tu hua

画笔
hua bi

颜料盒
yan liao he

剪刀
jian dao

胶水
jiao shui

练习册
lian xi ce

家庭作业
jia ting zuo ye

12

数字
shu zi

2+2

加
jia

5-2

减
jian

2×2

乘
cheng

计算
ji suan

A

字母
zi mu

ABCDEFG
HIJKLMN
OPQRSTU
VWXYZ

字母表
zi mu biao

hello

字
zi

课文

ke wen

读

du

粉笔

fen bi

上课

shang ke

登记

deng ji

考试

kao shi

证书

zheng shu

校服

xiao fu

教育

jiao yu

百科全书

bai ke quan shu

大学

da xue

显微镜

xian wei jing

地图

di tu

废纸筐

fei zhi kuang

酒店
jiu dian

青年旅社
qing nian lü xing she

外币兑换处
wai bi dui huan chu

手提箱
shou ti xiang

汽车
qi che

语言
yu yan

是/否
shi/fou

好的
hao de

您好
nin hao

翻译员
fan yi yuan

谢谢
xie xie

……多少钱？

……duo shao qian?

我不明白

wo bu ming bai

问题

wen ti

晚上好！

wan shang hao!

早上好！

zao shang hao!

晚安！

wan an!

再见

zai jian

方向

fang xiang

行李

xing li

包

bao

双肩包

shuang jian bao

客人

ke ren

房间

fang jian

睡袋

shui dai

帐篷

zhang peng

旅游信息

lü you xin xi

海滩

hai tan

信用卡

xin yong ka

早餐

zao can

午餐

wu can

晚餐

wan can

票

piao

电梯

dian ti

邮票

you piao

边界

bian jie

海关

hai guan

大使馆

da shi guan

签证

qian zheng

护照

hu zhao

飞机
fei ji

船
chuan

消防车
xiao fang che

公交车
gong jiao che

卡车
ka che

汽艇
qi ting

自行车
zi xing che

汽车
qi che

摆渡船

bai du chuan

小船

xiao chuan

摩托车

mo tuo che

警车

jing che

赛车

sai che

租车

zu che

拼车

pin che

拖车

tuo che

垃圾车

la ji che

发动机

fa dong ji

汽油

qi you

加油站

jia you zhan

交通标志

jiao tong biao zhi

交通

jiao tong

交通堵塞

jiao tong du sai

停车场

ting che chang

火车站

huo che zhan

轨道

gui dao

火车

huo che

电车

dian che

货车

huo che

直升机

zhi sheng ji

机场

ji chang

塔

ta

乘客

cheng ke

集装箱

ji zhuang xiang

纸板箱

zhi ban xiang

手推车

shou tui che

篮子

lan zi

起飞/降落

qi fei/jiang luo

城市

cheng shi

村庄

cun zhuang

市中心

shi zhong xin

房子

fang zi

电影院
dian ying yuan

广告
guang gao

路灯
lu deng

CINEMA

街道
jie dao

出租车
chu zu che

小吃店
xiao chi dian

行人
xing ren

人行道
ren xing dao

十字路口
shi zi lu kou

斑马线
ban ma xian

垃圾箱
la ji xiang

红绿灯
hong lü deng

小屋

xiao wu

公寓

gong yu

火车站

huo che zhan

市政厅

shi zheng ting

博物馆

bo wu guan

学校

xue xiao

大学

da xue

银行

yin hang

医院

yi yuan

酒店

jiu dian

药房

yao fang

办公室

ban gong shi

书店

shu dian

商店

shang dian

花店

hua dian

超市

chao shi

市场

shi chang

百货商店

bai huo shang dian

鱼店

yu dian

购物中心

gou wu zhong xin

海港

hai gang

公园

gong yuan

长凳

chang deng

桥

qiao

楼梯

lou ti

地铁

di tie

隧道

sui dao

公交车站

gong jiao che zhan

酒吧

jiu ba

餐馆

can guan

邮筒

you tong

路标

lu biao

停车计时器

ting che ji shi qi

动物园

dong wu yuan

游泳馆

you yong guan

清真寺

qing zhen si

城市 - cheng shi

农场

nong chang

污染

wu ran

墓地

mu di

教堂

jiao tang

操场

cao chang

寺庙

si miao

地形
di xing

树叶
shu ye

指示牌
zhi shi pai

路
lu

草地
cao di

石头
shi tou

树
shu

徒步旅行者
tu bu lü xing zhe

河
he

草
cao

花
hua

峡谷

xia gu

山

shan

湖

hu

森林

sen lin

沙漠

sha mo

火山

huo shan

城堡

cheng bao

彩虹

cai hong

蘑菇

mo gu

棕榈树

zong lü shu

蚊子

wen zi

苍蝇

cang ying

蚂蚁

ma yi

蜜蜂

mi feng

蜘蛛

zhi zhu

甲虫

jia chong

青蛙

qing wa

松鼠

song shu

刺猬

ci wei

野兔

ye tu

猫头鹰

mao tou ying

鸟

niao

天鹅

tian e

野猪

ye zhu

鹿

lu

麋鹿

mi lu

水坝

shui ba

风力发电机

feng li fa dian ji

太阳能电池板

tai yang neng dian chi ban

气候

qi hou

服务员
fu wu yuan

菜单
cai dan

椅子
yi zi

披萨饼
pi sa bing

汤
tang

餐具
can ju

桌布
zhuo bu

前菜
qian cai

主菜
zhu cai

甜点
tian dian

饮料
yin liao

食物
shi wu

瓶子
ping zi

快餐

kuai can

街边小吃

jie bian xiao chi

茶壶

cha hu

糖盒

tang he

一份饭菜

yi fen fan cai

意式咖啡机

yi shi ka fei ji

高脚椅

gao jiao yi

账单

zhang dan

托盘

tuo pan

刀

dao

餐叉

can cha

勺子

shao zi

茶匙

cha chi

餐巾

can jin

玻璃杯

bo li bei

碟子

die zi

汤盘

tang pan

碟子

die zi

酱

jiang

盐瓶

yan ping

胡椒磨

hu jiao mo

醋

cu

食用油

shi yong you

调味料

tiao wei liao

番茄酱

fan qie jiang

芥末

jie mo

蛋黄酱

dan huang jiang

特价
te jia

顾客
gu ke

乳制品
ru zhi pin

FOR

购物车
gou wu che

水果
shui guo

肉铺

rou pu

面包房

mian bao fang

称重

cheng zhong

蔬菜

shu cai

肉

rou

冷冻食品

leng dong shi pin

冷盘

leng pan

罐头食品

guan tou shi pin

洗衣粉

xi yi fen

甜食

tian shi

日用品

ri yong pin

清洁用品

qing jie yong pin

销售员

xiao shou yuan

收银机

shou yin ji

收银员

shou yin yuan

购物清单

gou wu qing dan

开放时间

kai fang shi jian

钱包

qian bao

信用卡

xin yong ka

袋子

dai zi

塑料袋

su liao dai

水

shui

果汁

guo zhi

牛奶

niu nai

可乐

ke le

红酒

hong jiu

啤酒

pi jiu

酒

jiu

可可

ke ke

茶

cha

咖啡

ka fei

意式浓缩咖啡

yi shi nong suo ka fei

卡布奇诺

ka bu qi nuo

香蕉

xiang jiao

苹果

ping guo

橙子

cheng zi

西瓜

xi gua

柠檬

ning meng

胡萝卜

hu luo bo

大蒜

da suan

竹子

zhu zi

洋葱

yang cong

蘑菇

mo gu

坚果

jian guo

面条

mian tiao

意大利面条

yi da li mian tiao

米饭

mi fan

沙拉

sha la

薯条

shu tiao

炸土豆

zha tu dou

披萨饼

pi sa bing

汉堡包

han bao bao

三明治

san ming zhi

炸猪排

zha zhu pai

火腿

huo tui

萨拉米

sa la mi

香肠

xiang chang

鸡肉

ji rou

烤肉

kao rou

鱼

yu

燕麦片

yan mai pian

穆兹利

mu zi li

玉米片

yu mi pian

面粉

mian fen

羊角面包

yang jiao mian bao

面包卷

mian bao juan

面包

mian bao

烤面包

kao mian bao

饼干

bing gan

黄油

huang you

凝乳

ning ru

蛋糕

dan gao

蛋

dan

煎蛋

jian dan

奶酪

nai lao

冰激凌

bing ji lin

糖

tang

蜂蜜

feng mi

果酱

guo jiang

巧克力酱

qiao ke li jiang

咖喱饭

ga li fan

农舍
nong she

粮仓
liang cang

稻草捆
dao cao kun

田野
tian ye

马
ma

拖车
tuo che

马驹
ma ju

拖拉机
tuo la ji

驴
lü

羔羊
gao yang

羊
yang

山羊
shan yang

奶牛
nai niu

牛犊
niu du

猪
zhu

小猪
xiao zhu

公牛
gong niu

鹅
e

鸭
ya

小鸡
xiao ji

母鸡
mu ji

公鸡
gong ji

鼠
shu

猫
mao

老鼠
lao shu

牛
niu

狗
gou

狗屋
gou wu

花园浇水软管
hua yuan jiao shui ruan guan

洒水壶
sa shui hu

长柄大镰刀
chang bing da lian dao

犁
li

28 　　　　　　　　　　农场 - nong chang

镰刀
lian dao

锄头
chu tou

长柄草耙
chang bing cao pa

斧头
fu tou

独轮手推车
du lun shou tui che

饲料槽
si liao cao

牛奶罐
niu nai guan

麻布袋
ma bu dai

栅栏
zha lan

马厩
ma jiu

温室
wen shi

土壤
tu rang

种子
zhong zi

肥料
fei liao

联合收割机
lian he shou ge ji

收割

shou ge

收割

shou ge

山药

shan yao

小麦

xiao mai

大豆

da dou

土豆

tu dou

玉米

yu mi

油菜籽

you cai zi

果树

guo shu

树薯

shu shu

谷物

gu wu

烟囱
yan cong

屋顶
wu ding

落水管
luo shui guan

窗户
chuang hu

车库
che ku

门铃
men ling

门
men

垃圾桶
la ji tong

信箱
xin xiang

花园
hua yuan

客厅
ke ting

浴室
yu shi

厨房
chu fang

卧室
wo shi

儿童房
er tong fang

餐厅
can ting

地板

di ban

墙壁

qiang bi

吊顶

diao ding

地窖

di jiao

桑拿

sang na

阳台

yang tai

露台

lu tai

游泳池

you yong chi

割草机

ge cao ji

被单

bei dan

床罩

chuang zhao

床

chuang

扫帚

sao zhou

水桶

shui tong

开关

kai guan

壁纸
bi zhi

照片
zhao pian

台灯
tai deng

搁架
ge jia

橱柜
chu gui

电视机
dian shi ji

壁炉
bi lu

花
hua

垫子
dian zi

沙发
sha fa

花瓶
hua ping

遥控器
yao kong qi

地毯
di tan

窗帘
chuang lian

餐桌
can zhuo

椅子
yi zi

摇椅
yao yi

扶手椅
fu shou yi

书
shu

毯子
tan zi

装饰品
zhuang shi pin

木柴
mu chai

电影
dian ying

高保真音响
gao bao zhen yin xiang

钥匙
yao shi

报纸
bao zhi

油画
you hua

海报
hai bao

收音机
shou yin ji

笔记本
bi ji ben

吸尘器
xi chen qi

仙人掌
xian ren zhang

蜡烛
la zhu

微波炉
wei bo lu

冰箱
bing xiang

厨房秤
chu fang cheng

烤面包机
kao mian bao ji

洗洁精
xi jie jing

烤箱
kao xiang

冰柜
bing gui

垃圾桶
la ji tong

洗碗机
xi wan ji

炊具
chui ju

锅
guo

铸铁锅
zhu tie guo

炒锅
sha guo

平底锅
ping di guo

水壶
shui hu

蒸锅

zheng guo

烤盘

kao pan

陶瓷锅

tao ci guo

马克杯

ma ke bei

碗

wan

筷子

kuai zi

长柄勺

chang bing shao

铲子

chan zi

搅拌器

jiao ban qi

滤网

lü wang

筛子

shai zi

磨碎机

mo sui ji

研钵

yan bo

烧烤

shao kao

明火

ming huo

菜板

cai ban

擀面杖

gan mian zhang

开瓶器

kai ping qi

罐子

guan zi

开罐器

kai ping qi

隔热手套

ge re shou tao

水槽

shui cao

刷子

shua zi

海绵

hai mian

搅拌机

jiao ban ji

冷藏箱

leng cang xiang

奶瓶

nai ping

水龙头

shui long tou

供暖设备
gong nuan she bei

淋浴
lin yu

毛巾
mao jin

泡沫浴
pao mo yu

浴帘
yu lian

浴缸
yu gang

玻璃杯
bo li bei

洗衣机
xi yi ji

水龙头
shui long tou

瓷砖
ci zhuan

便壶
bian hu

水槽
shui cao

厕所

ce suo

蹲便器

dun bian qi

坐浴器

zuo yu qi

小便池

xiao bian chi

厕纸

ce zhi

马桶刷

ma tong shua

牙刷
ya shua

牙膏
ya gao

牙线
ya xian

洗
xi

手持式喷淋头
shou chi shi pen lin tou

冲洗器
chong xi qi

洗脸盆
xi lian pen

擦背刷
ca bei shua

肥皂
fei zao

沐浴露
mu yu lu

洗发水
xi fa shui

法兰绒
fa lan rong

排水
pai shui

乳霜
ru shuang

除臭剂
chu chou ji

镜子

jing zi

手镜

shou jing

剃须刀

ti xu dao

剃须泡沫

ti xu pao mo

须后水

xu hou shui

梳子

shu zi

刷子

shua zi

吹风机

chui feng ji

喷发定型剂

pen fa ding xing ji

化妆品

hua zhuang pin

唇膏

chun gao

指甲油

zhi jia you

化妆棉

hua zhuang mian

指甲剪

zhi jia jian

香水

xiang shui

洗漱包

xi shu bao

凳子

deng zi

计重秤

ji zhong cheng

浴袍

yu pao

橡胶手套

xiang jiao shou tao

卫生棉条

wei sheng mian tiao

卫生巾

wei sheng jin

化学厕所

hua xue ce suo

闹钟
nao zhong

毛绒玩具
mao rong wan ju

玩具车
wan ju che

玩具屋
wan ju wu

礼物
li wu

拨浪鼓
bo lang gu

气球

qi qiu

床

chuang

（洋娃娃用）婴儿车

(yang wa wa yong)ying er che

扑克牌

pu ke pai

拼图

pin tu

漫画

man hua

乐高积木

le gao ji mu

积木玩具

ji mu wan ju

玩具人

wan ju ren

婴儿服

ying er fu

飞盘

fei pan

床铃玩具

chuang ling wan ju

棋盘游戏

qi pan you xi

骰子

shai zi

火车模型

huo che mo xing

安抚奶嘴

an fu nai zui

聚会

ju hui

绘本

hui ben

球

qiu

洋娃娃

yang wa wa

玩

wan

沙坑

sha keng

秋千

qiu qian

玩具

wan ju

游戏机

you xi ji

三轮车

san lun che

泰迪熊

tai di xiong

衣柜

yi chu

衣服

yi fu

袜子

wa zi

长袜

chang wa

紧身裤

jin shen ku

围巾
wei jin

皮带
pi dai

雨伞
yu san

T恤
T xu

运动鞋
yun dong xie

靴子
xue zi

拖鞋
tuo xie

凉鞋
liang xie

鞋
xie

雨靴
yu xue

内裤
nei ku

胸罩
xiong zhao

背心
bei xin

身体

shen ti

裤子

ku zi

牛仔裤

niu zai ku

短裙

duan qun

女式衬衫

nü shi chen shan

衬衫

chen shan

套头衫

tao tou shan

卫衣

wei yi

西装夹克

xi zhuang jia ke

夹克

jia ke

外套

wai tao

雨衣

yu yi

套装

tao zhuang

连衣裙

lian yi qun

婚纱

hun sha

衣服 - yi fu

西装

xi zhuang

睡袍

shui pao

睡衣

shui yi

莎丽

sha li

头巾

tou jin

包头巾

bao tou jin

波卡

bo ka

卡夫坦

ka fu tan

(阿拉伯式)长袍

(a la bo shi)chang pao

泳衣

yong yi

男式泳裤

nan shi yong ku

短裤

duan ku

运动服

yun dong fu

围裙

wei qun

手套

shou tao

纽扣

niu kou

眼镜

yan jing

手链

shou lian

项链

xiang lian

戒指

jie zhi

耳环

er huan

便帽

bian mao

衣架

yi jia

帽子

mao zi

领带

ling dai

拉链

la lian

头盔

tou kui

背带

bei dai

校服

xiao fu

制服

zhi fu

围兜

wei dou

安抚奶嘴

an fu nai zui

尿不湿

niao bu shi

办公室
ban gong shi

服务器
fu wu qi

文件柜
wen jian gui

打印机
da yin ji

显示屏
xian shi ping

纸
zhi

鼠标
shu biao

办公桌
ban gong zhuo

文件夹
wen jian jia

键盘
jian pan

废纸筐
fei zhi kuang

电脑
dian nao

椅子
yi zi

咖啡杯

ka fei bei

计算器

ji suan qi

因特网

yin te wang

笔记本电脑

bi ji ben dian nao

信件

xin jian

消息

xiao xi

手机

shou ji

网络

wang luo

复印机

fu yin ji

软件

ruan jian

电话

dian hua

插座

cha zuo

传真机

chuan zhen ji

表格

biao ge

文件

wen jian

买

mai

付钱

fu qian

交易

jiao yi

现金

xian jin

美元

mei yuan

欧元

ou yuan

日元

ri yuan

卢布

lu bu

瑞士法郎

rui shi fa lang

人民币

ren min bi

卢比

lu bi

提款处

ti kuan chu

外币兑换处
wai bi dui huan chu

金
jin

银
yin

石油
shi you

能源
neng yuan

价格
jia ge

合同
he tong

税金
shui jin

股票
gu piao

工作
gong zuo

职员
zhi yuan

老板
lao ban

工厂
gong chang

商店
shang dian

警官
jing guan

消防员
xiao fang yuan

飞行员
fei xing yuan

医生
yi sheng

厨师
chu shi

园丁
yuan ding

木匠
mu jiang

裁缝
cai feng

法官
fa guan

化学家
hua xue jia

演员
yan yuan

公交车司机

gong jiao che si ji

出租车司机

chu zu che si ji

渔夫

yu fu

清洁女工

qing jie nü gong

屋顶工

wu ding gong

服务员

fu wu yuan

猎人

lie ren

画家

hua jia

面包师

mian bao shi

电工

dian gong

建筑工人

jian zhu gong ren

工程师

gong cheng shi

屠夫

tu fu

水管工

shui guan gong

邮递员

you di yuan

士兵

shi bing

建筑师

jian zhu shi

收银员

shou yin yuan

花农

hua nong

理发师

li fa shi

售票员

shou piao yuan

机械师

ji xie shi

船长

chuan zhang

牙医

ya yi

科学家

ke xue jia

拉比

la bi

伊玛目

yi ma mu

和尚

he shang

牧师

mu shi

工具

gong ju

铁锤
tie chui

钳子
qian zi

螺丝刀
luo si dao

扳手
ban shou

手电筒
shou dian tong

挖掘机

wa jue ji

工具箱

gong ju xiang

梯子

ti zi

锯子

ju zi

钉子

ding zi

钻机

zuan ji

修
xiu

铲子
chan zi

靠！
kao!

簸箕
bo ji

油漆桶
you qi tong

螺丝
luo si

乐器
yue qi

打击乐器
da ji yue qi

扬声器
yang sheng qi

吉他
ji ta

低音提琴
di yin ti qin

小号
xiao hao

钢琴

gang qin

小提琴

xiao ti qin

贝斯

bei si

定音鼓

ding yin gu

鼓

gu

电子琴

dian zi qin

萨克斯管

sa ke si guan

长笛

chang di

麦克风

mai ke feng

老虎
lao hu

入口
ru kou

笼子
long zi

斑马
ban ma

动物饲料
dong wu si liao

熊猫
xiong mao

动物
dong wu

大象
da xiang

袋鼠
dai shu

犀牛
xi niu

大猩猩
da xing xing

熊
xiong

骆驼

luo tuo

鸵鸟

tuo niao

狮子

shi zi

猴子

hou zi

火烈鸟

huo lie niao

鹦鹉

ying wu

北极熊

bei ji xiong

企鹅

qi e

鲨鱼

sha yu

孔雀

kong que

蛇

she

鳄鱼

e yu

动物园管理员

dong wu yuan guan li yuan

海豹

hai bao

美洲豹

mei zhou bao

矮种马

ai zhong ma

豹

bao

河马

he ma

长颈鹿

chang jing lu

老鹰

lao ying

野猪

ye zhu

鱼

yu

龟

gui

海象

hai xiang

狐狸

hu li

羚羊

ling yang

橄榄球
gan lan qiu

骑自行车
qi zi xing che

网球
wang qiu

篮球
lan qiu

游泳
you yong

拳击
quan ji

冰球
bing qiu

英式足球
ying shi zu qiu

羽毛球
yu mao qiu

田径
tian jing

手球
shou qiu

滑雪
hua xue

马球
ma qiu

跳
tiao

笑
xiao

拥抱
yong bao

走路
zou lu

唱
chang

做梦
zuo meng

祈祷
qi dao

亲吻
qin wen

书写
shu xie

画
hua

展示
zhan shi

推
tui

给
gei

拿
na

有
you

做
zuo

当
dang

站
zhan

跑
pao

拉
la

扔
reng

摔倒
shuai dao

躺
tang

等待
deng dai

携带
xie dai

坐
zuo

穿衣
chuan yi

睡觉
shui jiao

醒来
xing lai

看
kan

哭
ku

抚摸
fu mo

梳头
shu tou

交谈
jiao tan

明白
ming bai

问
wen

听
ting

喝
he

吃
chi

清理
qing li

爱
ai

做饭
zuo fan

开车
kai che

飞
fei

航行

hang xing

计算

ji suan

读

du

学习

xue xi

工作

gong zuo

结婚

jie hun

缝

feng

刷牙

shua ya

杀

sha

抽烟

chou yan

寄

ji

祖母
zu mu

祖父
zu fu

父亲
fu qin

母亲
mu qin

婴童
ying tong

女儿
nü er

儿子
er zi

客人

ke ren

阿姨

a yi

叔叔

shu shu

兄弟

xiong di

姐妹

jie mei

眼睛
yan jing

前额
qian e

肩膀
jian bang

手指
shou zhi

脸
lian

下巴
xia ba

手
shou

乳房
ru fang

腿
tui

手臂
shou bi

婴童

ying tong

男人

nan ren

女人

nü ren

女孩

nü hai

男孩

nan hai

头

tou

背部

bei bu

肚子

du zi

肚脐

du qi

脚趾

jiao zhi

脚后跟

jiao hou gen

骨头

gu tou

臀部

tun bu

膝盖

xi gai

手肘

shou zhou

鼻子

bi zi

屁股

pi gu

皮肤

pi fu

脸颊

lian jia

耳朵

er duo

嘴唇

zui chun

身体 - shen ti

嘴

zui

牙齿

ya chi

舌头

she tou

脑

nao

心脏

xin zang

肌肉

ji rou

肺

fei

肝脏

gan zang

胃

wei

肾脏

shen zang

性交

xing jiao

避孕套

bi yun tao

卵子

luan zi

精子

jing zi

怀孕

huai yun

月经

yue jing

阴道

yin dao

阴茎

yin jing

眉毛

mei mao

头发

tou fa

脖子

bo zi

医院
yi yuan

救护车
jiu hu che

轮椅
lun yi

骨折
gu zhe

医生
yi sheng

急诊室
ji zhen shi

护士
hu shi

紧急情况
jin ji qing kuang

昏迷
hun mi

痛
tong

受伤

shou shang

出血

chu xue

心脏病发作

xin zang bing fa zuo

中风

zhong feng

过敏

guo min

咳嗽

ke sou

发烧

fa shao

流感

liu gan

腹泻

fu xie

头痛

tou tong

癌症

ai zheng

糖尿病

tang niao bing

外科医生

wai ke yi sheng

手术刀

shou shu dao

手术

shou shu

CT
CT

X光
X guang

超声波
chao sheng bo

口罩
kou zhao

疾病
ji bing

候诊室
hou zhen shi

拐杖
guai zhang

石膏
shi gao

绷带
beng dai

注射
zhu she

听诊器
ting zhen qi

担架
dan jia

体温计
ti wen ji

出生
chu sheng

超重
chao zhong

助听器

zhu ting qi

消毒液

xiao du ye

感染

gan ran

病毒

bing du

艾滋病

ai zi bing

药物

yao wu

接种疫苗

jie zhong yi miao

药片

yao pian

药丸

yao wan

急救电话

ji jiu dian hua

血压计

xue ya ji

生病/健康

sheng bing/jian kang

救命！

jiu ming!

警报

jing bao

突击

tu ji

攻击

gong ji

危险

wei xian

紧急出口

jin ji chu kou

着火啦！

zhao huo la!

灭火器

mie huo qi

意外

yi wai

急救箱

ji jiu xiang

呼救信号

hu jiu xin hao

警察

jing cha

欧洲

ou zhou

北美洲

bei mei zhou

南美洲

nan mei zhou

非洲

fei zhou

亚洲

ya zhou

澳洲

ao zhou

大西洋

da xi yang

太平洋

tai ping yang

印度洋

yin du yang

南冰洋

nan bing yang

北冰洋

bei bing yang

北极

bei ji

南极

nan ji

南极洲

nan ji zhou

地球

di qiu

陆地

lu di

海

hai

岛

dao

国家

guo jia

国家

guo jia

钟面

zhong mian

时针

shi zhen

分针

fen zhen

秒针

miao zhen

现在几点？

xian zai ji dian?

天

tian

时间

shi jian

现在

xian zai

电子表

dian zi biao

分

fen

时

shi

周一 zhou yi
周三 zhou san
周五 zhou wu
周二 zhou er
周六 zhou liu
周四 zhou si
周日 zhou ri

昨天

zuo tian

今天

jin tian

明天

ming tian

早晨

zao chen

中午

zhong wu

晚上

wan shang

MO	TU	WE	TH	FR	SA	SU
1	2	3	4	5	6	7
8	9	10	11	12	13	14
15	16	17	18	19	20	21
22	23	24	25	26	27	28
29	30	31	1	2	3	4

工作日

gong zuo ri

MO	TU	WE	TH	FR	SA	SU
1	2	3	4	5	6	7
8	9	10	11	12	13	14
15	16	17	18	19	20	21
22	23	24	25	26	27	28
29	30	31	1	2	3	4

周末

zhou mo

彩虹
cai hong ▶

雨
yu ▶

风 ▶
feng

雪 ◣
xue

春
chun

夏 ◣
xia

秋 ◣
qiu

冬 ◣
dong

天气预报
....
tian qi yu bao

温度计
....
wen du ji

阳光
....
yang guang

云
....
yun

雾
....
wu

潮湿
....
chao shi

闪电

shan dian

打雷

da lei

风暴

feng bao

冰雹

bing bao

季风

ji feng

洪水

hong shui

冰

bing

一月

yi yue

二月

er yue

三月

san yue

四月

si yue

五月

wu yue

六月

liu yue

七月

qi yue

八月

ba yue

年 - nian

九月

jiu yue

十月

shi yue

十一月

shi yi yue

十二月

shi er yue

圆形

yuan xing

正方形

zheng fang xing

长方形

chang fang xing

三角形

san jiao xing

球体

qiu ti

立方体

li fang ti

白

bai

黄

huang

橙

cheng

粉

fen

红

hong

紫

zi

蓝

lan

绿

lü

棕

zong

灰

hui

黑

hei

很多/少许

hen duo/shao xu

生气/平静

sheng qi/ping jing

美/丑

mei/chou

首/尾

shou/wei

大/小

da/xiao

明/暗

ming/an

兄弟/姐妹

xiong di/jie mei

干净/肮脏

gan jing/ang zang

完整/缺失

wan zheng/que shi

白天/晚上

bai tian/wan shang

死/生

si/sheng

宽/窄

kuan/zhai

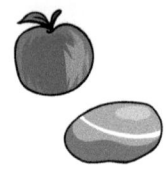

可食用/非食用

ke shi yong/fei shi yong

邪恶/善良

xie e/shan liang

兴奋/无聊

xing fen/wu liao

胖/瘦

pang/shou

第一/最后

di yi/zui hou

朋友/敌人

peng you/di ren

满/空

man/kong

硬/软

ying/ruan

重/轻

zhong/qing

饿/渴

e/ke

生病/健康

sheng bing/jian kang

非法/合法

fei fa/he fa

聪明/愚笨

cong ming/yu ben

左/右

zuo/you

近/远

jin/yuan

新/旧
xin/jiu

没有/有些
mei you/you xie

老/幼
lao/you

开/关
kai/guan

打开/合上
da kai/he shang

安静/吵闹
an jing/chao nao

富/穷
fu/qiong

对/错
dui/cuo

粗糙/光滑
cu cao/guang hua

伤心/高兴
shang xin/gao xing

短/长
duan/chang

慢/快
man/kuai

湿/干
shi/gan

温暖/凉爽
wen nuan/liang shuang

战争/和平
zhan zheng/he ping

0

零
ling

1

一
yi

2

二
er

3

三
san

4

四
si

5

五
wu

6

六
liu

7

七
qi

8

八
ba

9

九
jiu

10

十
shi

11

十一
shi yi

12
十二
shi er

13
十三
shi san

14
十四
shi si

15
十五
shi wu

16
十六
shi liu

17
十七
shi qi

18
十八
shi ba

19
十九
shi jiu

20
二十
er shi

100
百
bai

1.000
千
qian

1.000.000
百万
bai wan

英语

ying yu

美式英语

mei shi ying yu

普通话

pu tong hua

印地语

yin di yu

西班牙语

xi ban ya yu

法语

fa yu

阿拉伯语

a la bo yu

俄语

e yu

葡萄牙语

pu tao ya yu

孟加拉语

feng jia la yu

德语

de yu

日语

ri yu

我

wo

你

ni

他/她/它

ta/ta/ta

我们

wo men

你们

ni men

他们

ta men

谁？

shei?

什么？

shen me?

怎样？

zen yang?

哪里？

na li?

什么时候？

shen me shi hou?

名字

ming zi

后面

hou mian

里面

li mian

前面

qian mian

上方

shang fang

上面

shang mian

下面

xia mian

旁边

pang bian

中间

zhong jian

地点

di dian